女神与吉祥草

绘者序

喜爱漫画的朋友们，大家久违了。

每一张照片，或许都盛载着无数的回忆与讯息，更在不同的时空里，扮演着为历史作解码的角色。同样地，每一幅画亦深具其叙述故事的独特天赋。以制作漫画为例，无论是草图的构思，镜头的分解，直至为构图确认定位，在完成原稿的过程中，每一格无声的画面都是在替代文字解说故事。

赏画的人亦如是，不同的个体都有不同的见解，每一个人都会有自己的喜好与看法，审美观亦各有不同。或许我并不擅长讲故事，但是，我诚恳地希望能尽己所能，以自己所擅长的漫画来呈现每一个故事。

尤为感恩的是——感恩有您的护持，让我能持续不断地创作——皆因有您选择了这本书，才能成就这本书的诞生，以及它存在的价值。而身为漫画人的我，亦希望能借以上人说故事的文字内容，透过一格格的画面分镜，将上人开示过的经典佛教故事，世世代代流传下去。

无限感恩！

林祖耀

目录

5· 寻宝

15· 大地万物皆有用

21· 女神与吉祥草

31· 父子戏法

42· 智勇取大蛇

52· 掘井解救旱灾

74· 祖母的黑痣

84· 一根拐杖

94· 灵蛇报恩

103· 半条毯子

从前,一处山城里住着一位大地主,他娶了很年轻的太太,并生了一个孩子。

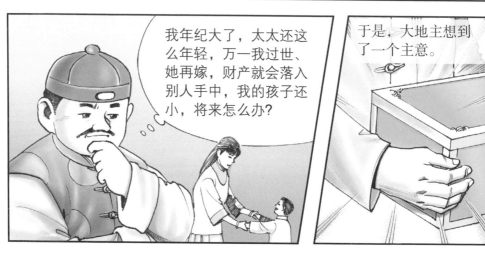

我年纪大了,太太还这么年轻,万一我过世、她再嫁,财产就会落入别人手中,我的孩子还小,将来怎么办?

于是,大地主想到了一个主意。

他叫管家将所有宝物用车子载着,找个地方埋藏起来。

儿子听了母亲的话,就去问老管家。

听说我父亲曾跟你一起去埋藏宝物,它们藏在哪里?你能带我去取出来吗?

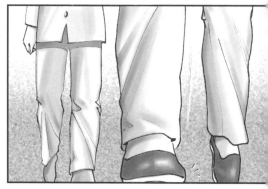

老管家认为这是应该的,就带着小主人去埋藏宝物的地点。

但是到了那里,老管家忽然生起一个念头,觉得这些财产是老主人的,实在不应该让小主人取走,跟他的母亲一起享受。

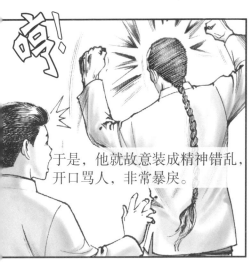

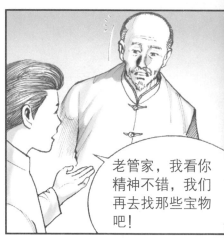

回到家,老管家又恢复对小主人毕恭毕敬、百依百顺的态度。

小主人感到很懊恼。

有一天,他去拜访城中另一位大地主,将一切经过告诉他。

你再带他去,看他站在哪个地方骂你,那个地方一定就是藏宝物的地点。

小主人于是又带老管家前往……

果然,不久就挖出埋藏多年的宝物。

宝物挖出后,小主人觉悟到一切财物都是祸患!

没有它们的时候,日子不是过得很平静吗?

想想老管家站在那里,心就变了样,何况是其他人呢?

所以，他决心将这些财物做大布施。

人生的价值在哪里？是不是拥有的多，就是幸福？

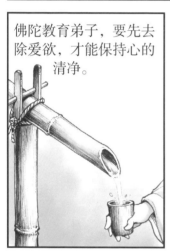

佛陀教育弟子，要先去除爱欲，才能保持心的清净。

人生如果能守本分，少欲知足、平平淡淡过日子，心就能很平顺、善良。

大家要善用智慧，思考生命的价值观。在"有"的时候，要知道如何应用物资；身体健康时，要懂得如何发挥身体的使用权，做利益人群的事，不要让人生空过。

大地万物皆有用

学习尊重他人及大地万物，才能具足真正的智慧。

很久以前，在日本有一间寺院住了一位明理聪慧的小沙弥。

还有一位自大骄傲的小沙弥。

这位骄傲的小沙弥常以为自己的才智高人一等，其他人都比不上他，甚至视他人为无用之人。

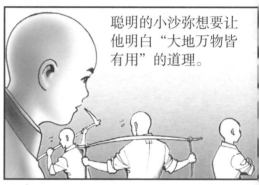
聪明的小沙弥想要让他明白"大地万物皆有用"的道理。

于是……

趁骄傲的小沙弥一边走路，手中还捧着书一边读的时候叫住他。

站住！

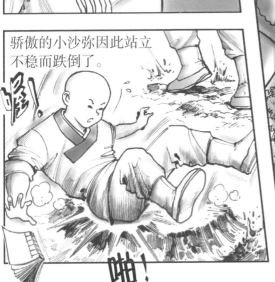

有一天,村里的农夫撒下种子,却被鸟群吃光了。

农夫无计可施,便请聪明的小沙弥想办法将小鸟赶走。

他想了想,用竹子做了一把水枪,可以发出很大的声音吓走小鸟。

啪!啪!

但是过不久,小鸟又成群地飞回来……

农夫们只好反复地发出声音把小鸟吓走。

啪!啪!

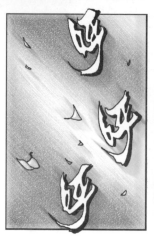

过不久暴风雨来了,村里的农舍被风雨吹得岌岌可危。

过去有防风林保护,再大的风雨也不怕,现在村民只好用木桩、沙包来支撑抵挡。

这时,骄傲的小沙弥才明白自己闯祸了。

风雨过后,他觉得很惭愧……

原来智慧不是自命清高,而是不妨碍一切,尊重一切。过去我错了,我应该要学习尊重他人及大地万物。

每一件事都有它的用处,每一个人都有他的特长,只有小聪明的人会认为有些东西根本没用处;具足真正智慧的人就知道必须时时尊重一切生物及其良能,因为"天地万物皆有用"。

女神与吉祥草

应该以平等心来对待每个人，
以真诚的爱心来广结善缘，
才是有智慧的人生。

佛陀在世时,有位长者非常护持佛陀弘法,且经常布施财物帮助孤苦贫困的人。

所以大家尊称他为"给孤独长者"。

当时的社会有明显的阶级之分。

奴隶是最低的阶级,被称为"贱民"。

给孤独长者虽然非常富裕、社会地位也很高,但是为人仁厚慈爱,对任何阶级的人都一视同仁。

他有一位好朋友就是地位最低的奴隶。这位奴隶品行端正,给孤独长者非常信任他,将财产交给他管理。

长者的亲戚以及与他阶级相当的朋友都很不以为然。

纷纷劝告长者远离卑贱的奴隶。

长者感到很困扰。

长者虽然以"人性平等,无贵贱之分"的道理向亲友说明,但是亲友们的阶级观念根深柢固。

于是拜访佛陀,请求指点迷津。

佛陀赞叹给孤独长者尊重人性的美德。

他不只此生如此,过去生也以平等心来待人。

佛陀说起长者与那位奴隶在过去的一段因缘……

很久很久以前,有位国王的皇宫非常庄严华丽,庭园里种植许多珍奇植物。

其中有一丛吉祥草长得茂盛可爱,随风摇曳姿态柔和,散发清香。

还有一棵杏树枝叶繁茂、树干直挺,是庭园中最雄伟高大的树,因此被人称为"树王"。

有一天,宫里的人向国王报告……

宫廷中一座"独柱殿"因年代久远,只靠一根大柱子支撑,恐有倾倒之虞。

于是，国王指派工匠用最好的木料取代原先的柱子。

工匠在国内四处寻觅都找不到合用的树木。

后来发现只有宫廷中那棵杏树最适合。

虽然这棵杏树被称为树王，国王也很喜爱它，但是独柱殿是非常珍贵的建筑。

国王考虑之后，还是决定砍下杏树。

古人相信花草树木都有神灵栖息,因此工匠准备了一些水果来祭拜杏树神。

树神呀!树神,因为独柱殿即将倾倒,所以明天不得不将您砍下做成柱子,请您原谅!

说完拜一拜就回去了。

杏树的树神是位女神,听到自己就要被砍倒了,伤心地哭泣不已。

其他围绕四周的树神也纷纷悲伤叹息,但都想不出办法帮助她。

隔天早上,工匠带人来砍树时……

啊!这棵树怎么突然变成这样?被虫蛀得这么严重,不能使用了。

我们再另觅好树吧。

平时,树神们都劝我不要和卑微的草神交往。

但是当我有难时,却只有草神能够帮助我!

父子戏法

上了人生舞台，
就要去除我相，
尽力扮演好自己的角色，
才是最重要的。

以前，大陆乡下地方每逢过年或农闲时期，农民们都会藉由各项休闲技艺活动来增添热闹气氛。

有一天，一群人聚集在县衙门外等着向官员恭贺新禧。

其中包括一对穿着宽大衣服的父子。

村民们都一一向县老爷和多位县官叩头、道喜。

儿子只好硬着头皮攀着那条绳子一直往上爬。

渐渐地消失不见了。

当众人正专注地望着天空，突然间……

啊!

绳子断了一截下来，引起大家一阵惊呼……

呜……绳子断了一截，我儿子不能下来了。

父亲赶快将桃子献给县老爷。

当大家聚精会神地看着这颗桃子时……

天空忽然又掉下一颗人头！

这是我儿子的头！我儿子可能因为偷桃子受到刑罚，被砍头了！

过了一会儿，脚、手也纷纷掉了下来。看到这幕情景，大家都乱成一团！

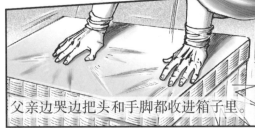

父亲边哭边把头和手脚都收进箱子里。

并将身上的大衣脱下来，盖在箱子上。

当大家定下神来，屏气凝神地注视着他的举动时……

孩子啊!我们的戏演完了,也博得县老爷和乡亲的欢喜。来!你可以起来了!

箱子一打开,他的儿子竟又好端端地站了起来。

过了九年,已经有九位童女丧失宝贵的生命。

到了第十年,送童女祭祀的时间又近了。

乡长很担忧,决定设法买女童祭蛇。

然而为人父母者怎么可能愿意让女儿送死呢!

当时有一户人家非常贫困。

这对父母生了六个女儿。

一天,最小的女儿对父亲说:

爹!今年乡长一直四处找人,我自愿去祭蛇。这样爹可以收一些钱来应应急,维持家庭生活。

我身为女孩,无法负担家计、改善家庭的贫困,所以我愿意去。

她准备了一些掺了香油的饭团。

并且带了一只狗同行。

到达蛇洞时,她把香气扑鼻的饭团放在洞口。

那条大蟒蛇果然爬出来了!

当它吃得浑然忘我时……

女孩带的狗猛然扑上前咬住大蟒蛇！尽管大蟒蛇不断挣扎，那只狗还是紧咬不放。

女孩顺势制服了大蟒蛇。

由于她既有智慧又积极助人，深受国王喜爱，最后受封为皇后。

在人生道上要有智慧、毅力和果断力。面对人群或一切事物时，若恐慌怯懦，逃避现实，就会迷茫。

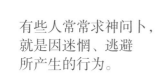

有些人常常求神问卜，就是因迷惘、逃避所产生的行为。

信仰，要选择"正信"；若是误入"迷信"之途，知晓真相就要及时回头，因为正信才是正确可靠的教育。

掘井 解救 旱灾

凡事只要肯用心,
努力付出,
将来一定能够获得甘美的果实。

古时候,有一个名叫"彩石矶"的地方,它的地名来源有一段很感人的故事。

当时,那个地方有好长一段时间干旱无雨。

井水都陆续干涸了。

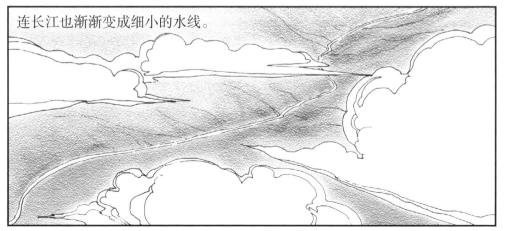

连长江也渐渐变成细小的水线。

村民们为了取水,必须越过数十里如沙漠般的黄土路才能取得水。

有人因此跌伤了腿或断了手。

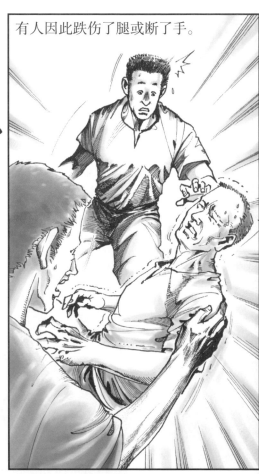

甚至,有人想利用牛车运水,可是……

水还没运到,牛就突然倒地暴毙了。

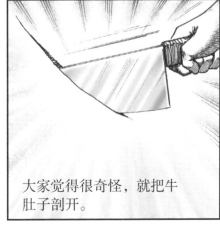

大家觉得很奇怪,就把牛肚子剖开。

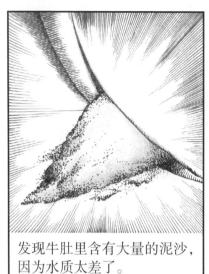
发现牛肚里含有大量的泥沙,因为水质太差了。

可见,当时人畜都受到极大的折磨和戕害。

在附近五六里外的山丘上有一座寺院。

里面的老师父带着几位弟子一同修行。

其中有一位哑巴和尚,全寺的用水都是由他负责去担提。

哑巴和尚听到有人为了提水而断手、牛突然倒毙的事件。

他心里感到很难过。

有一天,他提水回到寺院后……

就跑到观音菩萨像前。

虽然他无法开口说话,内心却十分虔诚地跪拜、祈求。

他心里一惊!

不久,他突然感到全身发热,双手不断冒出水珠来。

赶紧跑到方丈室找他的师父。

老和尚听到他咿咿呀呀的声音,又看到他满手的水珠,知道哑巴弟子的意思。

大概是观音菩萨给你的启示吧!这次的干旱,只有借重你的双手才能解除。

哑巴弟子听了,内心有所领悟。

于是他跑到寺外,每见一棵树,就丢一颗石头在树下。

后来,发现其中一棵树下竟长出一丛草,草堆中似乎有股绿色的水雾。

青霞起处必有泉!

他想起师父讲过的一句话……

挖着挖着,他回想起自己幼年的遭遇……

他灵机一动,就跑到草丛旁,插入一根棍子做记号,然后开始破土挖井。

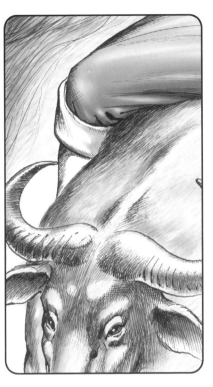

他并不是天生哑巴。当他还是个牧童时,会唱好听的山歌,说话伶牙俐齿。

那时家乡同样发生干旱,有位大财主却把全乡唯一的泉脉封锁了。

由于乡人都很贫困,对这位大财主也无可奈何。

有一天,小牧童和一群在外工作的庄稼人实在渴得无法忍受,便四处寻找水源。

后来他们找到一口废弃很久的古井。

但是里头的水已经泛黄。

小牧童看到水非常欢喜,无论是清是黄,马上捧水喝了一口。

没想到水一到喉咙,顿时觉得又热又辣,想要喊出来竟无法出声。

哑!哑!

从此,他就成了哑巴!

事后,同伴们要他一起回家,但是小牧童坚持不回去。

因为他担心还会有人来喝这口井的水,所以决意要守在井旁,直到百里之内的人都知道这口井是"哑泉"而不敢取用时才离开。

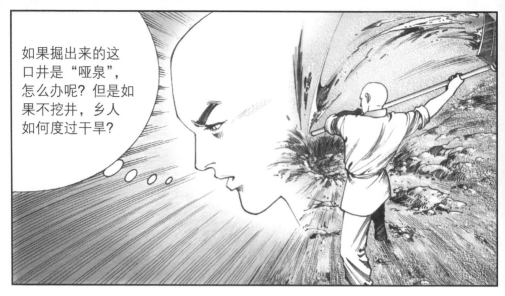

如果掘出来的这口井是"哑泉",怎么办呢?但是如果不挖井,乡人如何度过干旱?

他心里暗下了决定,当这口井掘出水时,他要喝第一口水;若是哑泉,就算喝了会死也心甘情愿。

就这样,他夜以继日地工作;渐渐地,人变得愈来愈消瘦。

于是,他继续不断地挖井……

老和尚发现哑巴弟子日渐消瘦,就开始注意他的行动。

有一天晚上,他看到哑巴弟子又出去,便暗中跟随。

当哑巴和尚来到一棵树下。

正要拨开草堆进入洞里时……

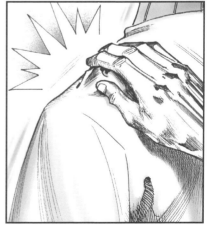

哑巴和尚转身看到师父，露出憨憨的笑脸……

老和尚深深被弟子勤恳的行为所感动；而后师徒就结伴开井，其他人并不知情。

老和尚明白他的意思。

但是,老人的体力总是较差,无法长期负荷沉重的工作。

有一天晚上,老和尚想走出大殿时……

突然感到全身无力。

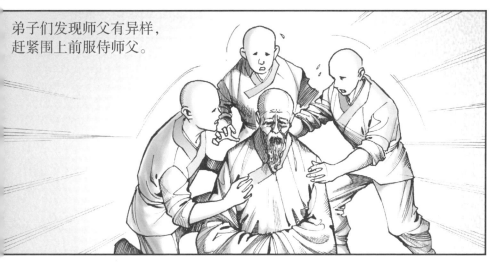
弟子们发现师父有异样,赶紧围上前服侍师父。

老和尚以微弱的声音对弟子们说出哑巴和尚每天晚上都去掘井的事情,希望大家能发心帮助他,并祈求观世音菩萨助他一臂之力。

说完就安详往生了。

当时哑巴和尚正在洞中掘井,老和尚的弟子们跑到井边喊他。

但是都没有听到回音。

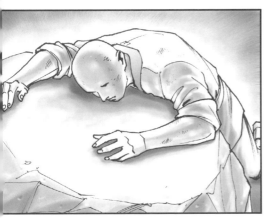
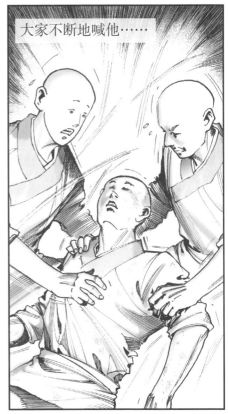

他无力地睁开眼皮。

指着大石头……

众人将他扶到井外。

接着合力将大石头吊上来。

一看,才发现是一块五彩缤纷的结晶石。

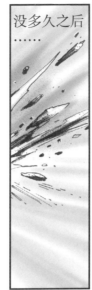

传说哑巴和尚挖的那口伏泉,水道通达长江。由于水脉被大彩石压住,所以才会缺水。

哑巴和尚知道老和尚往生后,为了感念师恩,就亲手把那块大彩石刻成一座香炉,天天焚香供养师父。

后来当地改名为"彩石矶",就是为了纪念哑巴和尚挖井的辛劳。

这虽是一则传说,却也带给我们启示:一切唯心造。凡事只要肯用心、努力付出,将来一定能够获得甘美的果实。

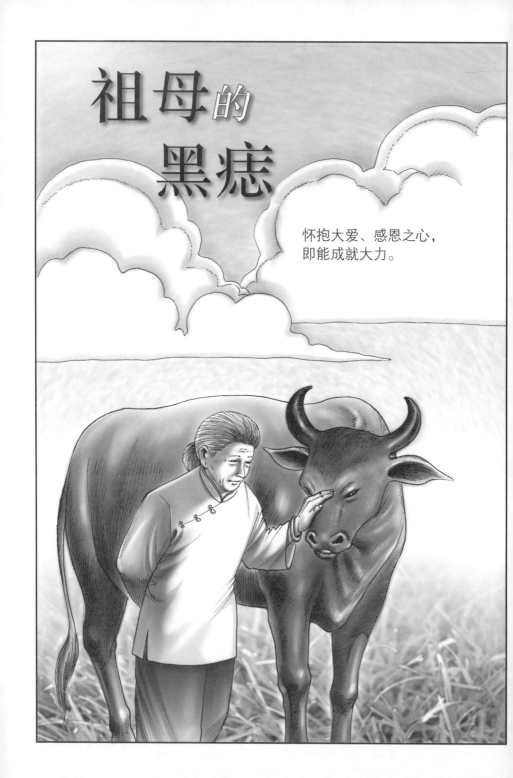

有位年轻人辛勤工作,却总是三餐不继。

一天,他经过某个村庄。

看到一头母牛刚生下小牛。

如果买下小牛养大再卖掉,就有经营生意的本钱了。

恰巧牛主人正担心母牛养育小牛会消耗很多体力,无法好好工作,就便宜地将小牛卖给年轻人。

无依无靠的年轻人带着小牛继续走。

途中遇到一位独居的老婆婆,便向她租了一间房。

并约定一段时间之后再付清房租及伙食费。

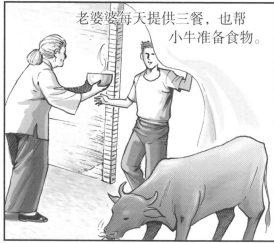

老婆婆每天提供三餐,也帮小牛准备食物。

日子一天天过去,年轻人觉得老婆婆每天辛苦地为他们张罗食物,他却必须等到小牛长大才能还钱,实在过意不去。

"祖母的黑痣"常与村里的小孩玩耍,和其他牛也相处和睦。

在爱的环境中逐渐成长得强壮、乖巧又聪明。

老婆婆年纪那么大了,还要辛苦养育我,我要用什么方法报答她呢?

一天,有一列商队载了许多货物准备渡溪。

然而货物太重,牛车都陷入软泥中进退不得。

商队里有个人很懂牛性,

他一眼就看中毛色黑亮、脚力强健的"祖母的黑痣"。

可不可以借用这头牛?

牛的主人不在这里。

"祖母的黑痣"不悦地挡在车队前方,不让他们前进。

商人自知理亏,赶紧再挂上五百贯钱;"祖母的黑痣"才愿意让道。

它一路跑回家……

老婆婆看到它脖子上挂着那么多钱,非常惊讶。

一根拐杖

以感恩心
孝养父母,
即是大福之人。

佛陀曾经以一根拐杖,让一位婆罗门徒的七对儿媳了解什么是孝道。

某天,佛陀出门托钵时,遇到一位年迈的婆罗门徒沿路乞食。

他的背已经驼了,走起路来很吃力——拐杖向前撑一步,才能往前走一步。

佛陀看在眼里,怜悯在心,赶紧上前扶着老人。

老人家呀!你走路那么不方便,为什么要出来讨饭呢?难道没有孩子照顾你吗?

有啊!我有七个儿子,但是他们有妻子要照顾,有孩子要养育,无法容纳我,就把我赶出来。

啊!您不就是佛陀?

佛陀啊!您救救我,到底要用什么道理才能感化、教育我的儿子呢?

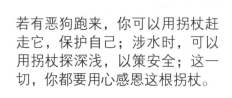

若有恶狗跑来,你可以用拐杖赶走它,保护自己;涉水时,可以用拐杖探深浅,以策安全;这一切,你都要用心感恩这根拐杖。

如果你的意念言语都很虔诚,就能感化你的儿子。

的确,我现在只能依靠这根拐杖而已,它对我的帮助最大,我应该感恩!

从此,老人拳拳服膺佛陀所说的话,每一天都感念着拐杖的恩情,心想口念均是——感恩。

感恩!感恩拐杖助我走路,感恩拐杖让我安全涉水,感恩拐杖保护我的身体。

老婆罗门的七个儿子,平时唯有妻子、儿女是他们的最爱。

这天,他们听说佛陀来到城里;若能求佛赐福,可得到最大的福报。

于是七兄弟相邀带妻儿一起去求佛赐福。

到达王舍城耆阇崛山时,佛陀正在为大众开示。

我正要去礼佛闻法，我们可以一起去！

老人感恩路人的好心邀请，跟着到了耆阇崛山。

那时，佛陀已经开始说法，老人从远处慢慢走近。

感恩！感恩拐杖助我！

老婆罗门呀！看你这么欢喜，你到底为何感恩呢？

老人不知他的儿子们也在场，面露笑容，一点都没有烦恼地说着：

我很感恩这根拐杖，它伴我走路、生活，帮助我安度危险的路，让我渡水时知道深浅；若有恶狗，还可以用它把狗赶走，所以我很感恩手中的这根拐杖。

佛陀听了很欢喜，用眼睛扫视老人的七个儿子及媳妇。

人生最重要的就是有感恩心，一根拐杖就可以帮助你生活，让你欢喜地过日子，因此你心怀感恩！

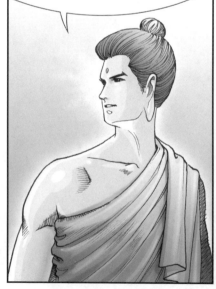

世间有很多人不知应孝敬父母，将来同样会受到儿女折磨，死后还要堕入地狱，这样的人生就是欠缺感恩心！若能孝养父母，才是大福之人。

老婆罗门的儿子、媳妇看着自己的老父亲,又听到佛陀的说法,实在惭愧得无地自容。

他们的良知即刻受到启发,同时站起向佛陀顶礼、感恩。

这就是佛陀的用心:启发众生感恩心,懂得如何克尽孝道。

七个儿子都争相要迎请父亲回家孝敬。

爸!我们很惭愧!很忏悔!从今天开始一定要恭敬奉养您老人家。

灵蛇报恩

爱护一切生灵,
即使是微小的生命也应该尊重。

过去，中国大陆南山紫云寺有位妙莲老和尚，常以深入浅出的佛法教育当地居民。每逢初一、十五，寺院举办三天法会，大家都会来听开示，总是人山人海。

老和尚八十余岁仍很健康，每日凌晨独自攀山越岭，绕紫云岩一周；风雨不辍，霜露不停。

有一天……

他发现一条长两尺许的蛇,首尾负伤、血渍污臭,已奄奄一息。

老和尚慈悲为怀,决定为蛇疗伤。

他找来几种药草捣烂,敷在蛇的头部及尾巴上。

处理妥当后,才回到寺里。

隔天，老和尚再去探视那条蛇时，它已经不见了。

半个月后，寺里正在举行法会。

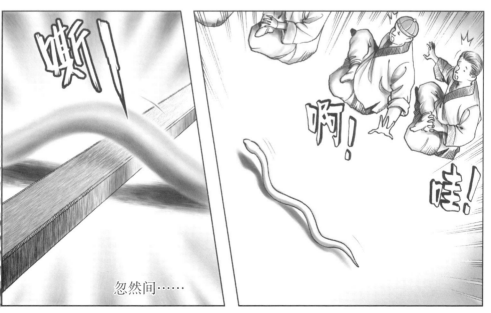

忽然间……

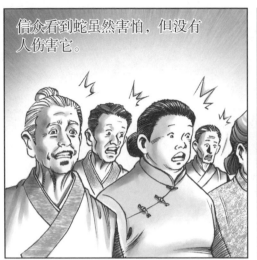

往后每逢举行法会时,它都会来听老和尚开示;只要听到"戒杀"的道理,就会有肃然领悟的神情。

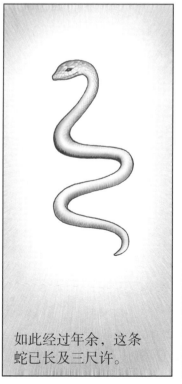

如此经过年余,这条蛇已长及三尺许。

寺内僧众、信众都称它为"紫云岩灵蛇"。

某年,当地突然流行一种传染病;许多人因为干渴高烧、药石罔效而死。

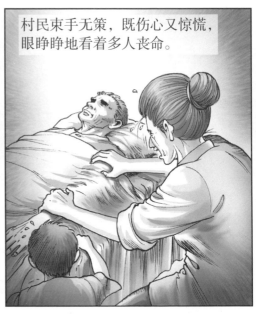

村民束手无策,既伤心又惊慌,眼睁睁地看着多人丧命。

老和尚常常带着弟子们探望病人,却也没有办法治好他们。

有一天……

灵蛇咬了许多药草,堆在紫云岩侧。

见到老和尚来了,它抬头看着,好似要说什么话。

老和尚仔细审视那些药草,发现都具有解毒退火的功能。

他把这些药草一一分送给病人。

村民陆续康复之后，老和尚再采集相同的药草捣烂风干、制成片状，成为盛行的名药，救了许多人的生命。

妙莲老和尚爱护一切众生，不但关心人类，对虫鱼鸟兽也爱护有加。

当初若非他仁心为怀，不放弃救护的"缘"，灵蛇怎么会叼来能拯救村民的药草呢？

众生皆具佛性，
同样具足大爱，
那条灵蛇就是最好的例子。

希望人人除了爱人类之外，
也能爱护一切生灵；
即使如虫蚁一般微小
的生命也要尊重。

半条毯子

信仰要智信不可迷信,
以清净心看待人事,
自然明白正确道理。

古印度的某个小国有种风俗。

当父亲年满六十岁的这一天,儿女会准备一条毯子送他。

从这天开始,这位父亲就要在屋外顾门终老。

在某地——

有位老人家的六十岁生日快到了。

图书在版编目(CIP)数据

女神与吉祥草/释证严讲述;林祖耀绘图.—上海:复旦大学出版社,
2016.10(2019.9 重印)
(证严上人著作·静思法脉丛书)
ISBN 978-7-309-12342-5

Ⅰ.女… Ⅱ.①释…②林… Ⅲ.佛教-青年读物 Ⅳ.B94-49

中国版本图书馆 CIP 数据核字(2016)第 129846 号

原版权所有者:静思人文志业股份有限公司授权复旦大学出版社
出版发行简体字版

慈济全球信息网:http://www.tzuchi.org.tw/
静思书轩网址:http://www.jingsi.com.tw/
苏州静思书轩:http://www.jingsi.js.cn/

女神与吉祥草
释证严　讲述　林祖耀　绘图
责任编辑/邵　丹
复旦大学出版社有限公司出版发行
上海市国权路 579 号　邮编:200433
网址:fupnet@fudanpress.com　http://www.fudanpress.com
门市零售:86-21-65642857　团体订购:86-21-65118853
外埠邮购:86-21-65109143　出版部电话:86-21-65642845
上海崇明裕安印刷厂

开本 890×1240　1/32　印张 3.5　字数 64 千
2019 年 9 月第 1 版第 3 次印刷
印数 7 201—9 300

ISBN 978-7-309-12342-5/B·581
定价:20.00 元

如有印装质量问题,请向复旦大学出版社有限公司出版部调换。
版权所有　侵权必究